LE CONVENTIONNEL LAKANAL.

PÉRIGUEUX. — IMPRIMERIE CHARLES RASTOUIL, RUE TAILLEFER, 31.

LE
CONVENTIONNEL LAKANAL

SON ADMINISTRATION

DANS LE DÉPARTEMENT DE LA DORDOGNE

Par F. CLAMAGERAN

Ancien Rédacteur en chef du RÉPUBLICAIN DE LA DORDOGNE.

PARIS

ARMAND LE CHEVALIER, ÉDITEUR

61, RUE DE RICHELIEU, 61

—

1875.

EN PRÉPARATION :

LES FÊTES RÉPUBLICAINES A PÉRIGUEUX

A mes Collègues

du Conseil municipal de Périgueux.

Souvenir d'affectueuse estime.

F. CLAMAGERAN.

LE
CONVENTIONNEL LAKANAL.

De nombreuses biographies de Lakanal ont déjà été publiées, parmi lesquelles une très-intéressante écrite récemment par M. Émile Darnaud. Toutes racontent les travaux de Lakanal à Paris, plutôt qu'elles ne détaillent les actes d'administration de cet homme remarquable en province. C'est cette lacune que je viens essayer de combler à l'aide des documents originaux et en grande partie inédits que j'ai retrouvés dans les archives communales et départementales de la Dordogne et à la bibliothèque de Périgueux.

I

BIOGRAPHIE GÉNÉRALE DE LAKANAL.

Refaire en détail la biographie de Lakanal serait sortir du cercle tracé à cet ouvrage ; on ne peut cependant bien connaître et bien apprécier les actions de ce représentant du peuple, sans avoir lu le récit abrégé des diverses périodes de cette vie si bien remplie.

Joseph Lakanal naquit à Serres, près de Foix, dans l'Ariège, le 14 juillet 1762, et mourut, à Paris, en 1845. Ses parents le destinaient à la carrière ecclésiastique et à l'enseignement. C'est par le professorat qu'il débuta dans la vie active, chez les Pères de la doctrine chrétienne ; il commença par être régent de cinquième, professa tour à tour à Lectoure, à Gimont, à Castelnaudary. Par une singulière vicissitude du sort, il fut professeur de rhétorique à Périgueux. Il se fit recevoir docteur-ès-arts à Angers, et, quand éclata la Révolution, il occupait à Moulins la chaire de philosophie. Son pays natal ne l'oublia pas, et il fut nommé représentant par l'Ariège. Le professeur marcha bientôt de pair avec les hommes à l'intelligence si active, au cœur si ardent que révéla l'avénement du tiers-état.

Peu d'hommes ont fait preuve de convictions politiques aussi profondes et aussi durables, d'un esprit aussi organisateur. Lakanal alliait, au plus haut degré, le patriotisme, la passion de la liberté et celle de la science. Les connaissances humaines, dont il appréciait si bien toute l'importance, il n'entendait pas les réserver à quelques privilégiés : il voulut toujours en faire le patrimoine de tous les citoyens. Nous ne pouvons qu'énumérer rapidement ici les travaux principaux du représentant de l'Ariège et les grandes périodes de sa vie politique.

Sa première mission fut dans la Seine-et-Marne, où il avait pour collègue le représentant Mauduit. Le 24 mars 1793, il rendait compte de sa visite au château de Chantilly, énumérait les sommes d'or et d'argent qu'il y avait trouvées, les papiers relatifs aux dépenses secrètes de la cour, les plans de campagne qu'il avait inventoriés, et il invitait la Convention à prendre possession de ces richesses. Les progrès de l'instruction publique trouvèrent en lui le défenseur le plus hardi et le plus zélé. Il fut membre du comité de l'instruction publique avec Daunou, Siéyès, Grégoire, Chénier, Boissy-d'Anglas, Thibaudeau, Mercier, Massieu et David. Le 22 mai 1793, il fit adopter le décret qui réglait le traitement des membres de l'académie des sciences de Paris. Il fait voter également un décret rendu nécessaire par d'aveugles vengeances : ce décret édictait la peine de deux ans de fer contre quiconque dégraderait les monuments publics. Il fit ouvrir un concours pour la composition des livres élémentaires, ceux qui étaient entre les mains des enfants présentant un enseignement absolument contraire aux idées modernes.

Le 29 juillet, sur le rapport de Lakanal, la Convention rend un décret établissant les droits de propriété des auteurs d'écrits de tout genre, des musiciens, des peintres et des dessinateurs. Chappe venait d'inventer et de mettre en pratique la télégraphie aérienne : l'infatigable Lakanal fait un rapport dont les conclusions sont adoptées. Chappe est promu au grade d'ingénieur et reçoit les appointements de lieutenant du génie. Peu après, la première ligne télégraphique est ouverte.

Aucune des branches de l'enseignement n'échappa à la sollicitude du représentant de l'Ariège ; tout ce qui a trait au développement de l'esprit humain excite son attention. Nous le voyons successivement proposer l'organisation des écoles normales, soumettre aux délibérations un vaste projet d'instruction publique, contribuer à la fondation des écoles centrales, à l'établissement d'une école publique des langues orientales vivantes. Il fait conserver le jardin des plantes, qui prend le nom de *Muséum d'Histoire naturelle*.

Lakanal fut réélu aux Cinq-Cents et continua à déployer, dans cette assemblée, la même activité éclairée. Il présenta le règlement de l'Institut, indiqua les membres qui devaient en former le noyau, complété ensuite par des élections. Peu après, Lakanal fut élu dans la deuxième classe : *Sciences morales et politiques*, pour laquelle il était naturellement designé. Le règlement qu'il avait proposé devint bientôt définitif.

En 1798, le département de Seine-et-Oise le nomma deux fois député, mais il refusa cet honneur. Ses talents d'administration devaient encore être utilisés par son pays ; en 1799, il fut envoyé à Mayence pour organiser les départements réunis à la France. Mais les mauvaises heures sonnaient pour la liberté : la parole indépendante allait être étouffée sous le bruit des crosses de fusil des envahisseurs du Corps législatif et le 18 brumaire allait consacrer la dictature du sabre. Si Lakanal avait faibli comme tant d'autres, le premier consul aurait certainement utilisé ses talents. Ne lui avait-il pas écrit : « Les « services importants que vous avez rendus à tant d'hom- « mes distingués vous mériteront dans tous les temps « des droits à l'estime des hommes. Vous pouvez compter « sur le désir que j'ai de vous en donner des preuves. » Mais Lakanal préféra sa pauvre et fière indépendance, et c'est à l'enseignement qu'il redemanda le pain de chaque jour. Il accepta une chaire de langues anciennes à l'école centrale de la rue Saint-Antoine, puis il fut économe au lycée Bonaparte jusqu'en 1809, année où il perdit cette place.

Après Waterloo, il se prépara à quitter la France, devançant un ordre d'exil ; mais la veille de la capitulation de Paris, l'ancien commissaire extraordinaire de la Convention s'unissait à ses anciens amis politiques, méditant des plans de défense et offrant, pour les exécuter, les modestes ressources qu'il réservait pour son voyage en

Amérique. Les plans n'aboutirent pas ; il partit pour le nouveau continent, où il fut chaleureusement accueilli par Jefferson, qui lui fit obtenir cinq cents acres de terre à coton. L'administrateur du Lot, du Lot-et-Garonne, de la Gironde, de la Dordogne, devint colon et agriculteur, se délassant de ses travaux par l'étude, jusqu'au moment où il accepta l'offre de la présidence de l'Université de la Louisiane, place où il retrouva une occupation qui lui était chère.

1830 réouvrit aux hommes de la Révolution les portes de la France. En 1833, Lakanal rentra à Paris. Quand l'Institut fut reconstitué par les Bourbons, le nom de son fondateur n'avait pas été porté sur la liste des nouveaux membres : l'homme politique avait fait mettre de côté le penseur et le savant. A la mort du comte Garat, l'élection répara cette injustice, et Lakanal rentra dans la section des sciences morales et politiques.

Il était d'une assiduité exemplaire aux séances ; à la fin de 1844, en se rendant à l'Académie par un temps rigoureux, il contracta le germe de la maladie qui devait l'emporter. Peu d'heures avant sa mort, il disait à un ami : « Je vais paraître les mains pures devant cette « Providence que je ne comprends pas, mais que je sens. » Lakanal laissait son nom glorieux, sans aucune fortune, à sa femme et à son jeune enfant. La République de 1848 se chargea des frais d'éducation de son fils.

Des sommes énormes qui avaient passé entre les mains de l'intègre Montagnard, pas une parcelle n'avait souillé ses mains pures. Nous avons une preuve entre mille de son désintéressement dans la lettre suivante, du 24 floréal an II, adressée à la Société populaire de Bergerac :

« Je m'empresse de vous annoncer que je viens de
« *nationaliser* la superbe vaisselle de monseigneur le
« président Augeard.

« Enfouis depuis quatorze mois dans le coin obscur
« d'un jardin, deux quintaux pesant de belle argenterie
« viennent d'être rendus à la République. Nous les en-
« verrons incessamment à Paris, où, transformés en mon-
« naie républicaine, ils expieront le crime d'avoir long-
« temps servi aux jouissances luxurieuses d'un tyran-
« neau.

« Je ferai observer en passant, à la Société, que je ne
« me suis pas toujours occupé à dévoiler la lèpre du cœur
« des aristocrates ; j'ai pensé quelquefois à rendre à mes
« frères les plébéiens l'argent qui leur avait été volé. Je
« vous adresse le rapport que j'ai fait dans le temps sur
« les fouilles de Chantilly. C'est un travail à l'ordre du
« jour.

« Salut et fraternité.

« *Signé* LAKANAL. »

L'Ariège, où Lakanal est né, se propose de lui élever une statue. S'il avait été général, cet hommage serait depuis longtemps rendu à sa mémoire.

II

ADMINISTRATION CIVILE DE LAKANAL DANS LA DORDOGNE — LES ÉCOLES — LES HOSPICES — LES BIBLIOTHÈQUES — LES ROUTES — L'ARRANGEMENT A L'AMIABLE DES PROCÈS.

L'activité administrative de Lakanal s'exerça, dans la Dordogne, sur deux branches bien distinctes. Il s'occupa de l'administration civile et de l'administration militaire; les représentants du peuple ne séparaient pas une de ces nécessités de l'autre. Tous, ils voulaient faire la France forte par les sciences et forte par les armes, et ne concevaient pas qu'elle pût résister autrement à l'Europe coalisée.

Le 17 nivôse an II, la Convention nationale délègue Lakanal pour administrer les départements de la Dordogne, du Lot, du Lot-et-Garonne et de la Gironde. Il se rend à Bergerac, préférant cette résidence à celle de Périgueux, par suite de la plus grande facilité de communications existant alors avec les départements limitrophes. Cette détermination semble avoir inspiré à Périgueux quelques sentiments de regret, dont nous retrouverons la trace dans les correspondances qui suivent.

Chargé de ses pouvoirs le 17 nivôse, Lakanal se rend promptement à son poste, car nous avons de lui une première lettre du 28 nivôse, qui indique bien le caractère à la fois philosophique et pratique de l'homme investi par la Convention d'une aussi difficile et aussi importante mission. La voici :

28 nivôse an II.

« Lakanal, représentant du peuple, invite les maire et
« procureurs de la commune de Périgueux à lui trans-
« mettre, sans aucun délai, des réponses précises aux
« questions suivantes :

« 1º Les secours dus à nos frères indigents sont-ils or-
« ganisés dans votre commune ?

« 2º Les écoles primaires sont-elles en activité ?

« 3º Quels sont les besoins et les ressources de vos
« hospices de secours ?

« 4º Est-il facile de fonder dans votre commune une
« maison d'économie rurale, dont le but serait l'avance-
« ment de l'histoire de la nature particulièrement appli-
« quée aux progrès de l'agriculture, du commerce et des
« arts ; une bibliothèque populaire, qui deviendrait, en
« quelque sorte, l'école des adultes et le sanctuaire de la
« liberté ! Car les lettres font haïr l'esclavage parce qu'il
« dégrade ; elles le font plus vivement sentir dans les
« âmes plus exercées à la pensée. Il ne l'ignorait pas, cet
« arabe fondateur d'une religion basée sur le mensonge.

« Il fit livrer aux flammes les bibliothèques : monument
« formidable du despotisme qu'il voulait fonder.

« 5° Quels sont les embellissements utiles dont est sus-
« ceptible votre cité ?

« Citoyens, on me reproche d'injustes préférences,
« parce qu'il faut que la calomnie s'attache à l'homme
« qui sert son pays comme la fumée suit la flamme. Au-
« jourd'hui que je suis expressément chargé du départe-
« ment de la Dordogne, je prouverai que tous les citoyens
« qui l'habitent sont également mes frères ; il est deux
« serments que j'ai faits du fond de mon âme et dont les
« caractères ne s'effaceront qu'avec mon sang : 1° d'écra-
« ser tous les fripons, tous les intrigants, tous les hypo-
« crites de patriotisme ; 2° de verser tant de bienfaits sur
« le département de la Dordogne, qu'il soit, en France,
« ce que la vallée de Tempé fut dans la Grèce.

« Salut et fraternité.

« Lakanal. »

Voici la réponse à cette lettre, telle qu'elle est transcrite sur le registre des correspondances de la ville de Périgueux :

« Citoyen Représentant,

« Nous venons de recevoir ta dépêche sans date, con-
« tenant :

« 1° Le décret de la Convention nationale, du 17 nivôse,
« aux termes duquel, comme délégué dans le départe-
« ment de la Dordogne et autres environnants, tu es in-
« vesti de tous les pouvoirs dont tu t'es rendu digne.

« 2º L'arrêté du Comité de salut public de la Conven-
« tion nationale, du 7 nivôse, qui te charge de l'exécution
« du décret relatif au gouvernement révolutionnaire
« dans le département de la Dordogne et d'y prendre
« toutes les mesures de sûreté générale et de salut public.

« 3º Enfin, la série de demandes sur lesquelles nous
« devons te donner des explications promptes et positives.
« Nous remplirons cette obligation avec d'autant plus de
« plaisir, que nos sentiments pour l'intérêt général ré-
« pondent absolument aux vues de bienfaisance qui n'ont
« cessé de diriger ta conduite, et sur lesquelles nos opi-
« nions ne sauraient être équivoques; car nous ne t'avons
« jamais cru capable de la moindre partialité, ni d'au-
« cune préférence. Nous regrettons seulement que tu ne
« sois pas assez près de nous pour concerter plus facile-
« ment avec toi les moyens d'opérer, avec le plus de
« succès, que tu jugeras convenable.

« 1º Tu nous demandes si les secours dus à nos frères
« indigents sont suffisants dans notre commune. Nous
« t'observons qu'ils n'ont pû l'être, d'après les dispositions
« de la loi du 28 juin dernier (vieux style), parce que
« l'exécution des formalités qu'elle prescrit est subor-
« donnée à des opérations attribuées aux corps adminis-
« tratifs et qui ne peuvent plus avoir lieu d'après l'orga-
« nisation du gouvernement révolutionnaire. A cet égard,
« ton collègue, Roux-Fasillac, a pris un arrêté qui ne
« nous est pas encore parvenu et en exécution duquel
« nous opérerons cette organisation, sans le moindre
« retard ; mais, en attendant, nous avons pris, de con-

2.

« cert avec Fasillac, des moyens d'après lesquels les
« malheureux commencent à jouir des bienfaits de notre
« Révolution.

« 2° Du désir de savoir si les écoles primaires sont en
« activité. Nous n'avons pas encore reçu le décret de la
« Convention nationale à ce relatif ; mais Roux-Fasillac
« prit un arrêté, le 20 frimaire, en vertu duquel les insti-
« tuteurs ont commencé leurs cours depuis le 21, et nous
« avons conçu de leur zèle et de leurs succès l'idée la
« plus avantageuse. »

(Nous passons ici de longs détails par lesquels la municipalité, revenant sur la question des indigents, explique le triste état des ressources des maisons hospitalières
de Périgueux.)

« Quant aux autres objets relatifs aux nouveaux éta-
« blissements d'intérêt particulier à notre commune, qui,
« cependant, pourraient être utiles à la République,
« comme notre premier soin, dans un moment où l'appa-
« reil de la guerre, où le développement de nos forces
« doit imposer à nos ennemis, était d'élever dans notre
« commune une nouvelle Lacédémone, nous sommes
« encore peu fixés sur les voies d'exécution des moyens
« que tu proposes ; mais, puisque tu crois possible d'as-
« socier l'un avec l'autre, nous allons nous en occuper de
« manière à fixer promptement ta détermination. Nous
« croyons cependant avoir déjà de grands moyens pour
« l'établissement d'une bibliothèque publique, attendu
« que les administrations ont en dépôt les livres des

« ci-devant communautés et de la société littéraire ; et,
« en rejetant tous les monuments d'erreur et de fana-
« tisme, on pourrait en composer une collection très-
« précieuse de connaissances.

« Nous désirerions n'avoir jamais à nous entretenir
« avec toi que d'objets propres à flatter nos espérances
« sur les heureux succès de nos travaux respectifs ; mais
« une circonstance pressante nous force de mêler d'amer-
« tume les douceurs de notre correspondance ; nous nous
« trouvons dans ce moment presque sans ressources pour
« les subsistances, et, si tu ne découvres quelque moyen
« pour venir à notre secours, nous sommes sur le point
« de manquer, et notre position est telle que nous sommes
« réduits à vivre du jour à la journée, n'ayant aucune
« espèce de grains en magasin, après avoir épuisé la voie
« des réquisitions dans notre commune, où la population
« est immense et le passage des troupes très-multi-
« plié. »

Le 1er nivôse, la municipalité, toujours sous le coup de ces difficultés matérielles, rappelait à Lakanal la lettre que nous avons transcrite, et le pressait vivement de la tirer d'embarras.

Au milieu de toutes ses préoccupations, Lakanal n'oubliait pas la position de Périgueux. Sa première lettre, en prenant possession de son poste, n'était pas un vain assemblage de phrases sans portée, mais un programme; ce qu'il disait, il devait le faire. Le premier objet de son attention fut la position des citoyens les plus malheureux, les plus dignes de pitié, par conséquent.

Le 16 pluviôse, Lakanal adresse à Périgueux les missives suivantes, enregistrées le 20 du même mois :

« Bergerac, 16 pluviôse an II de la République
« une et indivisible.

« *Aux agents du Comité de secours de Périgueux.*

« Frères,

« Je me hâte d'acquitter la dette des âmes sensibles ;
« je vous assure des fonds pour soulager l'infortune et le
« malheur. J'aurais désiré, avant d'agir, de connaître le
« mode de distribution que vous avez adopté, mais la faim
« ne s'ajourne pas.

« *Signé :* Lakanal. »

Et le même jour :

« Bergerac, le 16 pluviôse an II de la République
« une et indivisible.

« Lakanal, représentant du peuple, délégué par la Con-
« vention nationale, en son Comité de salut public, dans
« le département de la Dordogne et départements envi-
« ronnants, invite le citoyen Lacharmie à continuer de
« remplir cumulativement les fonctions d'officier public
« de la commune de Périgueux et de juge du tribunal du
« district.

« *Signé :* Lakanal. »

La disette était terrible, en effet, dans la Dordogne, et les villes luttaient de patriotisme et de privations pour assurer à tous les citoyens la part de nourriture indispensable à la vie.

A Périgueux, la municipalité, qui avait à nourrir les prêtres reclus, les suspects envoyés de tout le département, les troupes de passage, en était réduite aux plus dures extrémités. Le 1er messidor an II, le Conseil général prend un arrêté dont nous extrayons l'article suivant :

« Article 1er. — La ration journalière de pain sera de
« demi-livre de pain pour chaque individu, sans autre
« exception qu'en faveur des femmes enceintes et des
« prisonniers, qui recevront chacun trois quarts de livre
« de pain, au lieu de demi-livre. »

Il est bon de remarquer que le pain, dont chaque bouchée était si parcimonieusement comptée, était fait avec moitié farine de maïs et moitié farine de blé. Les Périgourdins reçurent un témoignage public rendu à leur patriotique frugalité. La Convention, dans sa séance du 5 prairial, rendit justice aux habitants de Périgueux, comme le constate l'extrait suivant de son procès-verbal :

« Une lettre du représentant du peuple Romme, en-
« voyé dans le département de la Dordogne, rend compte
« du dévouement républicain des habitants du district
« de Périgueux relativement à leurs rations de subsis-
« tances réduites de moitié en faveur des districts voi-
« sins.

« Sur la motion d'un membre, la Convention nationale
« décrète l'insertion de la lettre de Romme au *Bulletin*, et

« la mention honorable de la conduite civique des habi-
« tants du district de Périgueux.

« Visé par l'inspecteur.

« *Signé* CORDIER.

« Collationné à l'original par nous secrétaires de la Con-
« vention, à Paris, le 5 prairial, l'an II de la République
« une et indivisible.

« *Signé* CORDIER et FRAINAUD, *secrétaires*.

Cette pièce fut transcrite sur les registres de la municipalité et imprimée à cent exemplaires pour être trans-
mise aux Sociétés populaires du district.

Plus tard, des envois de châtaignes, un achat consi-
dérable de riz, fait avec le produit d'un emprunt civique,
permirent à la municipalité d'assurer l'alimentation de
la ville.

A Bergerac, les souffrances étaient aussi grandes, et
la sollicitude de Lakanal n'était pas moins vive et moins
efficace. Se transportant d'une partie du département à
l'autre, le délégué de la Convention pourvoyait aux besoins des districts appauvris, par les ressources de ceux
qui étaient plus favorisés. Il écrivait de Belvès à la
Société populaire de Bergerac :

« ESTIMABLES AMIS,

« J'ai votre confiance, vous avez la mienne. Je reviens
« aujourd'hui parmi vous, pour m'occuper sans relâche
« de votre bonheur.

« Recevez-moi comme il convient à des hommes libres

« et égaux devant les lois ; point de marque extérieure de
« joie : un serrement de main de l'amitié vaut mieux
« pour Lakanal que toute la pompe des fêtes.

« Tranquillisez-vous sur vos subsistances ; le district
« de Belvès vous envoie demain même quatre cent quin-
« taux de seigle et froment. Il vous enverra de plus,
« avant la fin de la décade prochaine, sept cent quintaux
« de blé d'Espagne, quatre cent quintaux de châtaignes,
« et une assez belle provision de noix.

« J'envoie d'ici Lalande à Ribérac, pour vous envoyer
« les grains que vous attendez de ce district.

« Rendu à Bergerac, je prendrai des mesures plus
« larges pour vous approvisionner.

« On m'a dit que vous étiez à la demi-livre : c'est trop
« peu. Je veux que mes frères les Bergeracois soient
« bien. Soyez tranquille, je réponds sur ma tête de vos
« subsistances tant que je serai parmi vous.

« Votre ami,

« LAKANAL. »

Ayant ainsi assuré l'efficacité des secours donnés aux
malheureux, le représentant du peuple songe aux améliorations dont Périgueux avait un grand besoin. Il re-
marque l'obscurité de ses rues étroites, le manque d'eau
en cas d'incendie. Le très-curieux budget de la commune,
dressé le 28 novembre 1791 et qui s'élève à la somme de
7,114 livres pour dépenses, ne porte aucun chapitre
affecté aux frais de l'éclairage ; chaque citoyen se mu-
nissait le soir de la classique lanterne. La lettre par

laquelle le délégué de la Convention nationale annonce qu'il pourvoit à cet éclairage manque à la collection. L'accusé de réception qu'en donne la municipalité est ainsi conçu :

« 6 pluviôse.

« Citoyen Représentant,

« Nous recevons avec reconnaissance l'ordre en vertu
« duquel le comité révolutionnaire de Périgueux doit
« tenir à notre disposition la somme de dix mille livres
« pour fournir aux frais de l'établissement des reverbères
« et d'une pompe à incendie nécessaires à notre com-
« mune ; nous te rendrons compte de l'emploi de cette
« somme, et elle ne sera pas détournée de sa véritable
« destination ; nos concitoyens, en partageant avec nous
« les avantages d'un bienfait auquel tu as coopéré avec
« tant d'empressement, rendront un témoignage éclatant
« aux vertus civiques qui te méritent si justement notre
« confiance et la leur. »

A peine les exigences de l'humanité étaient-elles satisfaites sur un point qu'il s'en produisait ailleurs de nouvelles. A Bergerac, l'hôpital était insuffisant, les secours publics non organisés, l'enseignement primaire n'existait pas. Le 30 brumaire an II, Lakanal prit un arrêté pour lever, dans la commune et sur les citoyens riches de Bergerac, la somme nécessaire pour pourvoir à ces améliorations.

Les considérants suivants précédaient cet arrêté :

« Considérant que, dans une République, l'indigence

« est un crime social, les secours publics une dette com-
« mune, l'instruction un besoin pour tous ;

« Considérant que le pauvre, sur lequel ont pesé le
« plus les sacrifices commandés par la Révolution, s'est
« montré l'ami constant et le zélé défenseur de l'indépen-
« dance nationale ;

« Considérant que le riche n'est digne de ses droits
« politiques qu'autant qu'il est le père du pauvre, l'ap-
« pui de l'orphelin, la consolation du vieillard ;

« Considérant que l'homme fortuné est bon ou mauvais
« citoyen ; que, dans le premier cas, il est doux pour lui
« de secourir ses frères indigents, et de préparer, par
« l'éducation, le bonheur des générations qui s'avancent;
« que, dans le second cas, la société pourrait le vomir de
« son sein, et qu'elle use d'indulgence, si elle se borne à
« réclamer une partie de son superflu pour assurer le
« nécessaire à une partie de ses enfants,

« Arrête, etc. »

Nous arrivons aux conceptions les plus originales de Lakanal. L'état des routes dans la Dordogne était déplorable, et cependant, en ce moment où la France avait à se défendre à la fois contre les ennemis étrangers et contre la disette, son ennemi à l'intérieur, rendre la circulation facile était une condition absolument indispensable. Comme nous le verrons en étudiant le côté militaire de l'administration de Lakanal, il y avait à faire transporter des bois de construction pour la flotte et l'artillerie, à faire circuler des troupes, à opérer la concentration des chevaux nécessaires pour la cavalerie. D'un autre côté, la réparation des routes était indispensable pour assurer le transport des grains et du bétail des campagnes dans les villes. Pour agir vite, l'administrateur procéda en dehors de toutes les voies usuelles, trop lentes en présence des besoins urgents.

Voici l'arrêté qu'il prit et dont le texte imprimé est à la bibliothèque de Périgueux (legs Lapeyre). En tête de l'arrêté est un écusson ovale, portant les mots : *Fête de l'Égalité* ; il est entouré d'une draperie et soutenu par deux génies ailés dont l'un tient une hampe surmontée d'un bonnet phrygien, et l'autre un rameau de chêne. Des nuages enveloppent le bas de l'écusson :

« Républicains,

« Les routes qui coupent le département de la Dor-
« dogne sont dans un délabrement épouvantable ; le com-
« merce languit, l'industrie sommeille, les convois mili-
« taires se traînent lentement, les défenseurs de la liberté
« usent, dans les fatigues des voyages, ces forces qui
« auraient commandé à la victoire. Bientôt la Patrie et
« l'amitié, ce doux mariage des âmes, perdront tous
« leurs droits ; les amis de la liberté ne pourront plus
« communiquer entr'eux et resserrer les liens qui unis-
« sent leurs âmes fraternelles ; les saisons et notre cou-
« pable torpeur auront réalisé le vœu du despotisme :
« *isoler pour régner*. Citoyens, l'instance de nos besoins
« appelle des remèdes violents et prompts ; loin de nous
« les formes paresseuses usitées jusqu'ici ; suivre la

« marche routinière dans la confection de nos chemins,
« ce serait imiter l'exemple de ce grand-maître de Malte
« qui, averti que ses pages n'avaient plus de chemises,
« dit à ses gens : « Qu'on sème du chanvre pour faire
« des chemises à ces messieurs. » Le mal est exalté à
« son dernier période ; frappons-le comme il sied à des
« hommes libres : or, vous le savez, les coups des hom-
« mes libres sont les coups de la foudre ! Eh bien ! trai-
« tons les chemins comme nous traitons les traîtres, —
« *révolutionnairement !* Le mouvement révolutionnaire
« est déjà réglé par le représentant du peuple et les
« quatre ingénieurs du département ; les oscillations en
« sont calculées avec une précision géométrique. Tout est
« discuté, pondéré avec le calme de la raison et le sang-
« froid de la sagesse ; la machine une fois impulsée,
« avant que le soleil ait quitté trois fois l'horizon, le tra-
« vail sera terminé : *tous les chemins du département*
« *seront réparés à la fois ;* ce sera là un exemple uni-
« que et sublime que la Convention nationale apprendra
« avec enthousiasme pour le redire à la France, à l'Eu-
« rope, à la postérité.

« Ce jour à jamais mémorable, le représentant du
« peuple et tous les fonctionnaires publics, revêtus des
« marques extérieures de la loi, et la bêche nourricière
« à la main, donneront l'exemple du travail à tous les
« citoyens ; et l'époque de cet acte de la force incommen-
« surable d'un peuple libre sera consacré par une fête
« nationale au chef-lieu de la Dordogne.

« Des commissaires de canton ont été appelés pour re-

« cevoir du représentant du peuple et des quatre ingé-
« nieurs du département toutes les instructions de détails
« qu'ils transmettront à leurs concitoyens, pour régula-
« riser l'élan patriotique qui va nous immortaliser. La
« veille, une décharge de mousqueterie, répétée de poste
« en poste, annoncera, dans tous les points du départe-
« ment, le jour de la consommation de ce grand œuvre :
« ce jour-là la population entière de la Dordogne sera
« rangée en masse sur les chemins ; les hommes iront
« chercher les pierres, les briseront, creuseront les fossés ;
« les femmes et les enfants chargeront les brouettes,
« étendront le cailloutage ; les vieillards encourageront
« les travailleurs par leur présence et leurs suffrages ;
« hommes et femmes, jeunes et vieux, riches et pauvres,
« tous travailleront ; ici, la Patrie met en faction tous
« les citoyens ; loin de nous, ce jour-là, la molle indo-
« lence des procédés monarchiques : tout doit recevoir
« les formes républicaines de la liberté. Chaque citoyen
« doit porter le pain qui doit réparer ses forces usées par
« le travail : *le riche en portera pour le pauvre;* que
« tous les traits de courage, de dévouement civique qui
« vont signaler cette expédition soient recueillis avec un
« respect religieux, le représentant du peuple les trans-
« mettra à la Convention nationale, qui en enrichira les
« annales de la vertu. Sans doute, il serait un mauvais
« citoyen celui qui, dans cette fête républicaine, ne pren-
« drait pas une part active aux travaux ; les sentinelles
« vigilantes de la République, les Sociétés populaires en
« dresseront le tableau, et la Convention nationale, imi-

« tant un grand exemple donné par l'aréopage de Lacé-
« démone, déclarerait à ces égoïstes froids et sans en-
« trailles : *qu'il leur est permis de ne pas aimer la
« Patrie.* »

« A Périgueux, chez J. Dauriac, imprimeur des Amis de la liberté
« et de l'égalité. »

La municipalité s'empressa de rechercher les moyens pratiques pour la mise à exécution de cet arrêté. Le 28 pluviôse, elle tenait une séance publique, dans laquelle elle lisait une longue et pressante proclamation. Ce document, développant en grande partie les arguments que Lakanal avait fait ressortir, il est inutile de le reproduire en entier. Bornons-nous à citer le passage suivant, pour bien démontrer l'accord parfait qui existait entre le représentant du peuple et le chef-lieu du département :

. . . .

« Citoyens, le représentant du peuple vous engage à
« être vous-mêmes les instruments de votre félicité ; il
« vous invite à soulager une nation généreuse que des
« dépenses indispensables grèvent assez ; il vous prie, au
« nom de la République que vous chérissez, de faire à
« votre intérêt et particulièrement à la Patrie, le sacri-
« fice de quelques journées pour réparer vos chemins ;
« par ce moyen, vous établirez une correspondance facile
« avec vos frères ; vous rendrez à l'agriculture des bes-
« tiaux qui, souvent, périssent de fatigue, et, enfin, vous
« réparerez les pertes immenses que des siècles d'oubli et
« de despotisme vous ont occasionnées.

« Comptez sur la reconnaissance publique, comptez sur
« l'admiration qu'un pareil travail, digne des plus beaux
« jours de Rome, inspirera à tous les vrais amis de la
« République. Que chacun de vous s'empresse de répon-
« dre à la juste idée que tous ceux qui nous environnent
« ont dû concevoir de nos généreux sacrifices ! Tous ceux
« offerts à la Patrie sont la récompense de ceux qui les
« font avec un sentiment pur.

« La municipalité croirait avoir méconnu ses conci-
« toyens, si elle usait du droit de réquisition qui lui est
« attribué ; ce serait à regret qu'elle se verrait obligée
« d'employer ces moyens : elle se borne à faire à ses
« administrés les invitations suivantes, convaincue du
« zèle que chacun mettra à remplir les devoirs sacrés
« qu'une urgente nécessité lui impose. »

Les trente-trois articles de l'arrêté suivant fixent tous
les détails d'exécution, répartissent le travail entre chaque section, par portions de 1,000 toises pour les plus
populeuses, de 600 pour les moins nombreuses. Les travaux s'étendaient, pour le canton de Périgueux, sur une
longueur de routes de 12,000 toises.

Les occupations étaient ainsi réparties, par les articles 19, 20, 21 et 22 :

« Article 19. — Les citoyens âgés de 15 à 35 ans se
« muniront chacun d'un pic, pioche ou bigot.

« Art. 20. — Ceux âgés de 35 à 50 ans devront se
« munir chacun d'une pelle.

« Art. 21. — Ceux au-dessus de 50 ans apporteront

« chacun un marteau de forgeron ou de maçon destiné à
« écraser les pierres.

« Art. 22. — Les enfants au-dessous de 15 ans et
« toutes les citoyennes seront munies d'un panier ou *pa-*
« *lissou* assez grand pour contenir les pierres ou la terre
« que leurs forces leur permettront de transporter. »

Le corps municipal prend une foule de précautions,
telles que l'appel sous les armes d'une partie de la garde
nationale, des réquisitions de chevaux pour le service
des commissaires de surveillance, des approvisionnements
suffisants de substances alimentaires, les mesures nécessaires pour assurer le paiement de la journée des citoyens auxquels leur indigence ne permettrait pas le don
gratuit de journées de travail. Un nouvel arrêté de Lakanal, en date du 4 ventôse, approuve ces dispositions
et délègue le citoyen Dupuy, de Bergerac, pour s'entendre avec le maire, les commissaires et les agents de Périgueux. C'est ainsi que put se réaliser cette entreprise
extraordinaire d'un immense travail exécuté en si peu
de jours, et qui a laissé des souvenirs légendaires dans
la population de la Dordogne.

Une autre conception de Lakanal, moins pratique peut-
être, mais à coup sûr très-originale et non moins philanthropique, fût celle par laquelle il essaya de mettre fin, par
voie amiable, aux procès pendants dans le département.

L'arrêté pris à cet effet, dont l'affiche originale existe
à la Bibliothèque de Périgueux, porte en titre : *Fraternité ou la mort !*

Au-dessous de ces mots est figuré un écusson ovale, entouré de branches de chêne et de laurier, et portant pour devise : *Fête de l'Amitié*. Il repose sur un piédestal, à gauche duquel se dresse un fragment de colonne cannelée, sur laquelle est placé un coq : auprès sont des livres ouverts. A gauche, un homme, vêtu d'une robe flottante et tête nue, tient une lance surmontée du bonnet phrygien ; près de lui est la table ouverte des Droits de l'Homme, et une touffe de feuillage. L'arrêté est ainsi conçu :

« *Lakanal à ses frères du département de*
« *la Dordogne.*

« Républicains,

« Le cri perçant du malheur retentit chaque jour à
« mon oreille et déchire mon âme sensible ; des hommes,
« qui ne voient jamais de superflu dans leur opulence,
« poursuivent infatigablement devant les tribunaux des
« familles qui tirent à peine le nécessaire d'un travail
« pénible ; ils éternisent des procès dont elles ne peuvent
« supporter les frais dévorants ; vampires publics, ils se
« gonflent de la substance des pauvres, tels que les vers
« s'alimentent dans la partie blessée des corps....

« Non, ils ne veulent pas le triomphe de la Révolution,
« ces hommes froids à la vue des malheurs de leurs frè-
« res ; il doit être proclamé l'ennemi de la mère com-
« mune, *la Patrie*, celui qui ne sait pas se précipiter, à
« travers les plus éclatants sacrifices, dans les bras de
« l'indigent, fût-il son plus implacable ennemi ; qui ne

« sait pas oublier jusqu'à ses outrages ou s'en venger
« par des bienfaits ; qui, sans vertus, le cœur enivré par
« l'intérêt et la vengeance, porte le deuil au sein des
« familles : y condamne le père au crime, la mère à la
« prostitution, les enfants à la honte et à la misère ; qui,
« nouvel Érostrate, ne sait s'illustrer que par des ruines
« et des dévastations.

« Honorable esclave des lois, je ne peux pas atteindre
« ces pirates judiciaires par la force de l'autorité na-
« tionale : je ne peux pas rompre la gradation hiérar-
« chique des tribunaux, mais qu'ils n'espèrent pas, ces
« brigands attitrés, échapper plus longtemps au noble
« courroux de la vertu, et faire encore baisser devant
« eux la gloire de la justice humiliée !....

« Le plus beau rôle qu'on puisse jouer sur la terre,
« c'est d'être le défenseur officieux de l'indigence : eh
« bien ! je m'en impose dès aujourd'hui le rôle honora-
« ble.... Oui, j'entrerai dans l'arène judiciaire ; j'y con-
« voquerai le peuple : j'y plaiderai la cause des fils aînés
« des États populaires, *les pauvres*....; je soulèverai
« contre leurs cruels oppresseurs l'indignation générale ;
« je les flétrirai d'un opprobre durable ; j'opposerai à
« leur brigandage tout l'éclat de la résistance à l'oppres-
« sion, et je jure de ne les abandonner qu'au pied de
« l'échafaud !

« Battue par les orages politiques, la France commande
« à ses véritables enfants de s'unir pour la défendre ;
« leur division est le dernier espoir du despotisme. Eh
« quoi ! l'intérêt, le sordide intérêt, vous rend sourds à

« la voix pressante de la Patrie, et vous vous dites répu-
« blicains !.... Ignorez-vous que pour mériter ce titre
« glorieux, le plus beau qu'on puisse porter sur la terre,
« il faut savoir immoler sa vie comme Décius, ses enfants
« comme Brutus, son ressentiment comme Camille ? On
« tenterait en vain de faire descendre la République au
« niveau des conceptions étroites de la vanité humaine,
« des vexations de la cupidité.

« ARRÊTE :

« Article premier. — Au nom de la Patrie en larmes,
« au nom de l'amour que j'ai voué à mes frères de la
« Dordogne, je les invite tous à terminer, par la voie
« de l'arbitrage, les procès qui les divisent, et ce,
« avant le 20 ventôse prochain, jour auquel doit
« être célébrée, dans toutes les communes de ce dé-
« partement, la fête auguste et touchante de *l'A-*
« *mitié.*

« Art. 2.— Le représentant du peuple invite les Sociétés
« populaires à user de toute l'influence que l'opinion pu-
« blique leur donne pour opérer cette réconciliation géné-
« rale entre tous les patriotes de la Dordogne, et remplir
« ainsi le serment qu'elles ont fait de maintenir l'unité
« de la République, *impérissable,* si les sans-culottes,
« terminant leurs contestations, vivent unis en un peuple
« de frères.

« Art. 3. — Il sera mis, par un arrêté particulier, à
« la disposition des Sociétés populaires, des fonds suffi-
« sants pour couvrir les différentes dépenses qu'entraî-

« nera la célébration d'une fête qui doit former une épo-
« que mémorable dans les annales de la République
« française.

« Art. 4. — Avant le 15 ventôse prochain, les com-
« missaires nationaux, et les greffiers attachés aux divers
« tribunaux séant dans toute l'étendue du département
« de la Dordogne, fourniront au représentant du peuple,
« et ce, sous leur responsabilité individuelle, le tableau
« de toutes les affaires pendantes dans leurs tribunaux
« respectifs.

« Art. 5. — Ce tableau sera divisé en trois colonnes,
« qui contiendront : 1º les noms des parties ; 2º leur do-
« micile habituel ; 3º l'exposé sommaire de la cause,
« instance ou procès.

« Art. 6. — Immédiatement après la réception dudit
« tableau, le représentant du peuple prendra des rensei-
« gnements sur les facultés pécuniaires des parties.

« Art. 7. — Si, au 20 ventôse prochain, toutes les con-
« testations entre le riche et le pauvre ne sont pas ter-
« minées ou confiées volontairement à des arbitres, LA-
« KANAL demeure chargé de défendre la cause de tous
« ses frères indigents.

« Donné à Bergerac, le 22 pluviôse l'an second de la
« République française une et indivisible.

« *Signé :* LAKANAL. »

On aurait tort de considérer les hommes investis des
pouvoirs du gouvernement républicain comme des représentants isolés de l'autorité : la Révolution, l'esprit

nouveau de liberté et d'égalité qui brûlaient dans leurs cœurs, avaient aussi porté leur flamme dans le cœur des citoyens de la province. Les arrêtés, les mesures prises par eux rencontraient non l'obéissance passive, mais cette soumission volontaire des hommes pénétrés des mêmes pensées que ceux dont ils reçoivent l'impulsion. Lakanal, dans un questionnaire qui est autant une enquête morale qu'administrative, se préoccupa des résultats de l'arrêté qu'il venait de prendre et du sort final des procès pendants qu'il voulait trancher par l'arbitrage. Nous en avons la preuve dans le document suivant et dans les réponses de la municipalité de Périgueux.

« Bergerac, 20 messidor an II de la République française
« une et indivisible.

« PAIX AU PEUPLE, GUERRE AUX TYRANS.

« *Lakanal, représentant du peuple, délégué par la*
« *Convention nationale et son Comité de salut*
« *public dans le département de la Dordogne et*
« *départements environnants,*

« Aux citoyens maire et agent national de la com-
« mune de....

« Vous répondrez par écrit, dans le plus bref délai,
« aux questions suivantes : elles sont étroitement liées
« aux intérêts de la vertu que la Convention nationale a
« mis à l'ordre du jour et qu'elle n'en tirera jamais :

« 1º Avez-vous dans votre commune des **concitoyens**
« **divisés qui ne vivent pas en frères** ?

« 2° Avez-vous quelque banqueroutier frauduleux ?

« 3° Quelque plaideur qui ait refusé ou négligé de faire
« arbitrer ses procès ?

« 4° Quelque fille qui, après avoir manqué aux lois de
« l'honneur, n'ait pas épousé l'homme qui l'avait séduite ?

« 5° Quelque ménage désuni ?

« 6° Quelqu'un de vos concitoyens s'est-il signalé par
« quelque action éclatante de vertu sociale ?

« Les maire et agent national de la commune sus-
« nommée sont personnellement responsables de la vérité
« et de la célérité des réponses aux questions qui leur
« sont faites.

« LAKANAL. »

10 Thermidor. — Réponse du maire et de l'agent national de la commune aux questions du représentant du peuple Lakanal :

« CITOYEN REPRÉSENTANT,

« Ton infatigable sollicitude pour le bien public t'ac-
« quiert chaque jour de nouveaux droits à la reconnais-
« sance et à la confiance des républicains, et, en travail-
« lant sans cesse à seconder les vues de bienfaisance qui
« te dirigent toujours, nous voyons avec plaisir que nos
« concitoyens jouissent de leurs salutaires effets.

« 1° L'union la plus étroite règne parmi tous les habi-
« tants de notre commune, et les sentiments de frater-
« nité caractérisent leur conduite.

« 2° Plusieurs ont éprouvé les revers inséparables d'un

« commerce étendu, mais chacun a terminé ses affaires à
« la satisfaction de ses créanciers.

« 3° Nous ne connaissons aucun plaideur qui ait refusé
« ou négligé de faire arbitrer ses procès, et nous devons,
« au contraire, louer le zèle avec lequel ils se sont em-
« pressés de se conformer à ton arrêté.

« 4° Parmi les filles de notre commune, il en est, sans
« doute, qui ont été victimes de leur confiance, mais nous
« n'en connaissons d'autres que les citoyennes Marie ***
« et Elisabeth ***.

« 5° Il n'est pas parvenu à notre connaissance que la
« paix des ménages ait été troublée dans notre com-
« mune.

« 6° Tu verras sans doute avec satisfaction l'embarras
« où nous sommes de te donner des indications particu-
« lières à l'égard de ceux qui peuvent s'être distingués
« par des actes de vertus sociales : elles sont ici à l'ordre
« du jour, et chacun de nos concitoyens, sans amour-
« propre comme sans éclat, offre sans cesse le spectacle
« touchant de ce que peuvent produire l'amour conjugal,
« la piété filiale, la tendresse paternelle ; en un mot, ces
« sentiments sublimes qui renferment tout et sur lesquels
« repose la félicité politique.

« *Les maire et agent nationaux de la*
« *commune de Périgueux.* »

Complétons ces documents par l'arrêté suivant sur
l'instruction populaire et les considérants éloquents qui
le précèdent. Les Sociétés populaires d'instruction sociale

subsistèrent, à Périgueux, jusqu'à la réaction du 9 thermidor :

Du 10 prairial an II.

La municipalité de Périgueux, réunie en séance publique : président, Audebert fils, maire; présents, Courtoy, Robinet, Dupont, Beleyme, Fournier, Puyabry, Lespine et Dauriac, officiers municipaux ; le maire a fait lecture d'un arrêté pris par le représentant Lakanal, relatif à l'instruction sociale et au moyen de propager dans les campagnes le saint amour de la Patrie. La municipalité, pénétrée de la sagesse et de l'importance des dispositions dudit arrêté, ordonne qu'il sera transcrit au long sur les registres et remis au dépôt, après que la lecture en aura été faite aux citoyens réunis dans le temple de la *Raison*, conformément aux desseins du représentant Lakanal.

ÉGALITÉ. — LIBERTÉ. — VERTU.

« *Au nom de la République française. Arrêté du re-*
« *présentant du peuple Lakanal, envoyé par la*
« *Convention nationale dans le département de la*
« *Dordogne et autres circonvoisins.*

« Faire en public d'insignifiantes prières, mais alimen-
« ter dans son cœur les vices les plus lâches ; jeûner,
« mais haïr et persécuter ; préconiser les mœurs et la
« vertu, comme le loup de la fable prêchait l'abstinence,
« les ongles encore teints du sang de ses victimes, voilà
« la religion des prêtres !

« Voici la morale que la République française prescrit
« à ses enfants :

« *Adore un Dieu, sois juste et sers bien ta Patrie.* »

« *Adore un Dieu!* Après avoir pesé les globes lumi-
« neux qui roulent dans la vaste concavité des cieux,
« Newton inclinait respectueusement son front au nom
« de l'éternel géomètre. Quel homme n'adorerait pas le
« Dieu qu'adorait Newton? Condamnerions-nous au néant
« celui qui nous en a tirés? Mais le Dieu des républi-
« cains s'honore par la justice, le courage, la franchise,
« la loyauté, les vertus sociales ; on l'outrage par de
« ridicules génuflexions et par toutes les jongleries des
« prêtres. Les prêtres ! ils sont l'objet de l'exécration de
« quiconque n'est pas encore transformé en bête féroce.
« Reculez vers le passé, parcourez les annales des peu-
« ples : chaque page réfléchit les forfaits du sacerdoce.

« Ils sont écrits en caractères de sang humain dans la
« Vendée. Lisez-les à la lueur des flammes qui dévorent
« ces infortunés arrachés aux cachots de l'Inquisition.

« Et vous demandez des prêtres !.... Soyez francs,
« c'est le meurtre, le pillage, l'incendie, la guerre civile
« que vous voulez, et vous n'êtes que les instruments
« aveugles des Coblenziens, qui appellent ces fléaux sur
« ma Patrie.

« *Sois juste!* Je l'ai dit, lorsque la liberté marche
« avec sa sœur la justice, elle est une divinité sur la
« terre ; va-t-elle seule, elle n'est plus qu'une bacchante
« effrénée. Soyons justes, et l'humanité relèvera ses au-

« tels, et la liberté, de son aile protectrice, ombragera
« la France.

« *Et sers bien ta Patrie!* Es-tu juge ? Tiens la ba-
« lance de la justice dans un équilibre inébranlable aux
« offres de la faveur.

« Es-tu magistrat ? Songe que tu commandes à des
« hommes, que tu dois commander selon les lois, que tu
« ne commanderas pas toujours.

« Es-tu père de famille ? Le cerveau encore tendre de
« ton enfant est une toile neuve attendant le pinceau ;
« graves-y les caractères de l'amour sacré de la Patrie ;
« si tu es digne de t'entendre appeler du doux nom de
« père, tu peux tout sur l'esprit de tes enfants, et les
« vertus qu'ils n'auront pas seront des forfaits pour
« toi.

« Épouse et mère, façonne aux vertus républicaines
« l'âme neuve et docile de la famille : tes soins ne sau-
« raient être infructueux ; quel enfant ne retient pas les
« leçons d'une mère ?

« Citoyens de tous les âges et de tout sexe, aimez la
« Patrie, respectez les magistrats et les législateurs qu'elle
« vous a donnés.

« Les partisans de l'ancienne servitude ont senti que
« la liberté ne peut périr que sous les débris de la Mon-
« tagne ; de là le système de diffamation dirigé contre
« mes collègues ; ici, je n'essayerai pas à les justifier ;
« ce serait dégrader la vertu que de prouver qu'elle n'est
« pas le crime.

« Législateur, je devrais être juste comme la divinité,

« bienfaisant comme la nature, loyal et sincère comme
« la raison.

« O Raison, fille aînée du ciel, viens gouverner la
« terre ! Viens régner sur les Français à la place des
« tyrans qu'ils ont abattus, tyrans qui ne semblaient
« naître grands que pour se dispenser de l'être ; viens
« venger les outrages que tu as reçus des prêtres et des
« rois. Viens, je serai ton sectateur fidèle, dussé-je per-
« dre un œil comme Lycurgue, en substituant tes lois
« éternelles aux caprices du despotisme ; dussé-je périr
« victime de tes ennemis ! Si la mort est l'effroi du crime,
« elle n'est que le soir d'une belle journée pour l'homme
« vertueux.

« COMMISSION D'INSTRUCTION SOCIALE.

« Article premier. — Il sera établi, dans chaque chef-
« lieu du département de la Dordogne, une commission
« d'instruction sociale.

« Art. 2. — Cette commission sera composée de cinq
« membres élus de la manière suivante :

« Art. 3. — Les sociétés d'instruction, séant dans les
« chefs-lieux du district, sont invitées à nommer huit
« commissaires, qui, de concert avec les comités révolu-
« tionnaires, désigneront au représentant du peuple les
« citoyens dignes, par leurs lumières et leurs vertus
« civiques, de remplir les fonctions qui doivent être con-
« fiées à la commission d'instruction sociale.

« JOURNAL POPULAIRE.

« Art. 4. — Les deux commissions sont chargées, cha-

« cune à son tour, de la rédaction d'un journal populaire.

« Art. 5. — Le journal sera spécialement consacré :
« 1º à faire connaître à nos frères des campagnes les
« lois populaires les plus propres à les attacher à la Ré-
« volution par le lien durable des bienfaits ; 2º à expli-
« quer d'une manière élémentaire les lois usuelles les
« plus nécessaires aux citoyens pour remplir leurs devoirs
« envers la Patrie ; 3º à donner une idée claire des pro-
« cédés les plus simples et les plus économiques pour
« hâter les progrès de l'agriculture dans le département
« de la Dordogne.

« Art. 6. — Le journal d'instruction populaire paraîtra
« une fois par décade ; il sera communiqué au représen-
« tant du peuple avant d'être livré à l'impression.

« APOSTOLAT CIVIQUE.

« Art. 7. — Il sera établi, près chaque commission
« d'instruction populaire, un apostolat civique, composé
« d'un nombre de citoyens égal à celui des municipalités
« du district qui ne renferment pas de société populaire
« dans leurs arrondissements.

« Art. 8. — La liste des membres de l'apostolat civi-
« que sera dressée par le comité révolutionnaire et la
« commission de l'instruction sociale réunis.

« Art. 9. — Les fonctions de ces propagateurs du prin-
« cipe de la Révolution seront : 1º de répandre et d'ex-
« pliquer parmi nos frères des campagnes le journal
« d'instruction populaire ; 2º de visiter la chaumière du
« pauvre pour y apporter l'instruction et avec elle l'a-

« mour de la Patrie ; 3º de recevoir, avec un soin reli-
« gieux, les plaintes et les demandes de l'infortune et du
« malheur, pour les transmettre au représentant du
« peuple ; 4º de découvrir et de dénoncer les ennemis de
« la Révolution qui, surveillés de trop près dans les ha-
« bitations populeuses, s'enfoncent dans les campagnes
« solitaires, où ils trompent et égarent d'autant plus fa-
« cilement le peuple, que la probité n'est ni soupçonneuse
« ni méfiante.

« Art. 10. — Les instituteurs populaires présenteront,
« tous les décadis, le résultat sommaire de leurs travaux
« civiques à la commission de l'instruction sociale, qui
« en transmettra le précis succinct au représentant du
« peuple.

« Art. 11. — Le représentant du peuple décernera aux
« apôtres de la liberté qui se seront distingués dans leur
« mission civique les récompenses les plus dignes des
« hommes libres, les récompenses de l'opinion.

« Art. 12. — Le représentant du peuple déclare que
« la mission touchante et sublime d'apôtre civique, dans
« les campagnes, est la plus belle qu'on puisse remplir
« sur la terre.

« *Signé* : LAKANAL. »

III

ADMINISTRATION MILITAIRE.

Lakanal n'avait pas à s'occuper seulement de l'administration politique des départements placés sous sa direction. Il fallait résister aux ennemis du dehors coalisés contre la République, à la ligue des souverains défenseurs du principe monarchique, si compromis par la chute du trône des Tuileries. Il fallait trouver des munitions, des armes, des soldats, des vaisseaux, et les trouver rapidement.

C'était là pour Lakanal une tâche toute nouvelle. Les partisans, trop nombreux en notre temps, des hommes spéciaux, les exclusifs qu'a tant choqués, en 1870-71, l'immixtion de l'élément civil dans notre défense nationale, auraient sans doute été bien épouvantés, en 1793, de voir le professeur de philosophie chargé de faire fabriquer des fusils et de pourvoir à la fourniture des matériaux nécessaires à l'artillerie. Mais le jeune et ardent patriote ne s'effraya pas à l'idée de cette occupation inusitée. En le suivant dans la direction de ces travaux, nous trouverons, sans doute, sa part d'initiative moins grande qu'en matière d'administration civile. Sa responsabilité se partageait en effet. Il y avait un plan général d'action, délibéré et arrêté à Paris, et dont l'exécution devait avoir lieu dans les départements. De plus, les représentants du peuple en mission, soit à Bordeaux, soit auprès de l'armée des Pyrénées-Occidentales, avaient dans leur circonscription un groupe de départements nombreux, comprenant la Gironde, le Lot, la Dordogne, les Hautes et Bassses-Pyrénées, le Gers, la Haute-Garonne et le Lot-et-Garonne. Pinet, Garraud, Cavaignac et Monestier (du Puy-de-Dôme), faisaient donc aussi directement des réquisitions de bois, de fonte ou de charbon, dans les départements placés sous la direction de Lakanal, notamment pour la forge de la Rigaudie et celle de Moncla, dans la Dordogne.

Cependant, Lakanal a une page bien remplie dans l'histoire des organisateurs de la défense nationale de la première République. La création d'une fabrique d'armes à Bergerac lui appartient en propre : cet établissement livra vingt mille fusils à nos défenseurs. Une de ces armes réparée existe encore à la mairie de Bergerac, et sa fabrication est remarquable pour l'époque. Elle porte le n° matricule 4185, deuxième série, et fut donnée, le 12 juin 1845, par M. Louis Reclus, contrôleur d'armes à la fabrique de Versailles. Pour arriver à livrer promptement des armes à feu, outre les forges établies à la Védèle, sur un cours d'eau, aux portes de la ville, Lakanal fit transformer en ateliers de vastes locaux laissés libres par la suppression des établissements religieux. Les étaux et les ouvriers furent installés dans le spacieux couvent des Jacobins, qui comprenait une construction importante, un cloître et un vaste jardin. Il en fut de même pour les Carmes, dont les terrains furent concédés par la commune à la manufacture d'armes.

Une commission dite *des armes* fut constituée. Elle était composée des citoyens Rouchouze, Rambaud, Boursier, Berrut et Martin. Ils s'occupaient activement, sous l'impulsion de Lakanal, des travaux qui leur étaient confiés.

Le 7 pluviôse an II, Lakanal prenait l'arrêté suivant :

« *Lakanal, représentant du peuple....., etc.,*

« Arrête :

« Article premier. — Le citoyen Rouchouze se trans-
« portera sans délai dans la ville de Périgueux à l'effet de
« requérir les ouvriers propres aux travaux de la manu-
« facture d'armes de Bergerac.

« Art. 2. — Les officiers municipaux seront tenus de
« favoriser par tous les moyens qui sont en leur pouvoir la
« mission dudit citoyen.

« Art. 3. — Les ouvriers requis se rendront sans délai,
« à Bergerac, avec les instruments de leur art.

« *Signé* : Lakanal. »

La commission des armes adoptait, de son côté, des moyens d'action énergiques. Le 18 pluviôse, elle expédie, à Périgueux, le citoyen Bordère pour requérir des colliers de trait, des harnais, des conducteurs de chariots et faire arriver le tout à Bergerac, afin de pouvoir effectuer rapidement les charrois de matériaux nécessaires. Les ouvriers occupés à des industries se rapprochant de l'armurerie étaient dirigés, de tous les points du département, sur la fabrique d'armes. Les travaux s'exécutaient avec l'activité foudroyante qui est un des caractères distinctifs de cette époque si vivante de notre histoire.

Toutes les ressources du sol, de la population, de l'industrie, étaient mises en œuvre à la fois. Tandis que les fusils se construisaient à Bergerac, les affûts de canon et les caissons à Périgueux, sous la direction du citoyen Pontard, proposé par la municipalité et agréé par Lakanal; tandis que les cloches, les âtres de cheminée, le plomb des édifices publics étaient requis pour les canons, la mitraille ou les balles, Lakanal se préoccupait des besoins de la marine. Il voulut mettre en œuvre les importantes ressources forestières que le Périgord possédait à cette époque, et il le fit avec cette précision dans les ordres, ce côté pratique qui distinguent l'administration de ce représentant.

Il prit, à cet effet, l'arrêté suivant :

« *Arrêté du représentant du peuple Lakanal, délégué*
« *par la Convention nationale et son Comité de*
« *salut public dans le département de la Dordogne*
« *et autres circonvoisins.*

« (Séance du 9 pluviôse an II de la République française.)

« Considérant qu'il importe d'user de tous les moyens
« qui peuvent mettre la marine de la République sur un

« pied respectable, afin que la France, triomphante dans
« les camps, proclame bientôt sur les mers la grande
« Charte de la souveraineté des peuples,

« Arrête ce qui suit :

« Article premier. — A compter du jour de la publica-
« tion du présent arrêté, tous les arbres, ormeaux ou
« chênes de 15 pieds de hauteur et de 12 pouces de dia-
« mètre, ainsi que les fayauds de la même hauteur et
« de 6 à 8 pouces de diamètre, demeurent en réquisition,
« pour le service de la marine, dans l'étendue du dépar-
« tement de la Dordogne.

« Art. 2. — Il est défendu de les couper avant que
« l'on ait fait choix de ceux dont on aura besoin pour la
« construction des vaisseaux de la République.

« Art. 3. — Ces arbres seront payés aux propriétaires.

« Art. 4. — A l'instant de la réception du présent
« arrêté, les municipalités procèderont, sur leur terri-
« toire respectif, à la recherche de tous les arbres dans
« les espèces et les proportions ci-dessous désignées, dont
« le recensement sera fait conformément au tableau
« annexé au présent arrêté.

« Art. 4. — Pour y parvenir d'une manière efficace et
« prompte, les municipalités nommeront des commissaires
« pris dans leur sein ou parmi les membres du Conseil
« général de la commune, de manière à ce qu'il soit par-
« couru en entier dans l'espace de deux jours au plus.

« Art. 4. — Le troisième jour, à compter de la récep-
« tion du présent arrêté, chaque municipalité le renverra

« à l'administration de son district, après en avoir rempli
« toutes les colonnes par les désignations les plus exactes
« et avec des observations sur la qualité des arbres, sur
« leur situation par rapport aux rivières et aux grandes
« routes, et sur les facilités ou les obstacles à leur
« transport.

« Art. 7. — Les administrateurs de district feront
« procéder au recensement général de ces divers tableaux
« le lendemain du jour où ils les auront reçus des com-
« munes, et, le troisième jour, ils le feront passer au re-
« présentant du peuple, en lui faisant connaître celles
« des municipalités qui n'auraient pas satisfait au présent
« arrêté.

« LAKANAL. »

A Périgueux, de l'imprimerie du républicain Dupont, imprimeur du club des Amis de la liberté et de l'égalité.

Les communes se conformèrent promptement au dispositif de cet arrêté. La municipalité de Périgueux, le 23 pluviôse, nomme des conseillers municipaux et des notables, qui s'adjoignent des menuisiers et des charpentiers pour faire le relevé sur place de ces arbres. Elle partage, à cet effet, le canton en quatre sections, pour chacune desquelles sont délégués quatre commissaires.

Lakanal nomma le citoyen Imbert commissaire général, pour mettre à exécution cet arrêté. Imbert se mit en relation avec la municipalité pour se procurer des ouvriers. Voici la réponse qui lui fut adressée le 28 pluviôse ; les choses, on le voit, marchaient rapidement :

« *La municipalité au citoyen Imbert, commissaire*
« *chargé de l'exécution de l'arrêté du représentant*
« *du peuple, pour l'exploitation des bois de cons-*
« *truction.*

« Citoyen,

« Nous venons de recevoir copie de l'arrêté dont il est
« question, à la suite duquel est imprimée la lettre en
« conséquence de laquelle tous les mérandiers (1), char-
« pentiers de haute futaie et tous les Lyonnais équarris-
« seurs, doivent être mis en réquisition et se rendre, le
« 1er ventôse, à Bergerac. Attachés comme toi à l'intérêt
« public et jaloux d'y contribuer, nous n'avons pas mis
« la mesure en délibération ; nous nous sommes confor-
« més au vœu de ta lettre, et la réquisition générale qui
« nous était présentée a été effectuée tout de suite ; mais
« une circonstance impérieuse nous prescrit de te faire
« quelques observations, que nous te prions de prendre
« en considération : 1° il n'existe pas de mérandiers dans
« notre commune ; 2° il n'y a que très-peu de Lyonnais
« équarrisseurs et charpentiers de haute futaie, en sorte
« que leur nombre est de beaucoup inférieur à celui qui
« serait nécessaire aux travaux de l'atelier d'artillerie
« établi dans cette commune et à la confection du temple
« de la Raison, que nous sommes chargés de faire cons-
« truire, sans délai, par un arrêté du représentant du

---

(1) Ouvriers travaillant le chêne ou merrain pour la tonnellerie.

« peuple, délégué au département de la Dordogne. Nous
« te demandons donc s'il serait possible, sans compro-
« mettre l'intérêt de la République, de différer le départ
« du peu d'ouvriers que nous avons à notre disposition
« jusqu'au 11 ventôse ; le court délai que nous sollicitons
« nous mettra à même d'effectuer les obligations qui nous
« ont déjà été prescrites, mais ta réponse dirigera notre
« conduite dans cette occurrence.

« Salut, fraternité, et vive la République ! »

Ce ne sont là que de rares échantillons de la correspondance si active et si diverse qui s'échangeait entre tous les points du département et le représentant délégué. Les municipalités expédiaient, aussitôt que la chose était possible, les ouvriers disponibles ; et, comme ils étaient munis des outils nécessaires à l'exercice de leur métier, comme des réquisitions de chariots, charrettes à bœufs, charretiers et bouviers étaient opérées simultanément, toute cette machine énergique et rapide était mise en mouvement à la fois. C'est par ce travail souterrain, pour ainsi dire, qu'on s'explique la rapidité avec laquelle se formaient les armées, et la promptitude avec laquelle elles étaient munies d'armes et de canons.

Bergerac fut aussi choisi par Lakanal pour recevoir un dépôt de chevaux que l'abondance de fourrages des plaines de la Dordogne rendait possible d'effectuer dans cette ville. Quatre mille chevaux pour la remonte de l'armée y furent rassemblés ; ils avaient été réquisitionnés et recensés par les soins du district, dans tout le département à la fois, et dans un bref délai.

IV

RÉFLEXIONS GÉNÉRALES.

Au seul point de vue historique, les recherches comme celles que renferment ces quelques pages ont bien leur intérêt. Si modeste que soit la sphère des faits accomplis dans un département, ces renseignements locaux sont les éléments d'une histoire générale de la Révolution en province. Les faits sont très-souvent groupés dans un ordre artificiel, par les ennemis de la démocratie, pour être présentés sous un faux jour; d'autres fois, ils sont dénaturés de la plus étrange façon, enrôlés par force au service des idées monarchiques.

En les puisant aux sources officielles et incontestables, en faisant revivre les arrêtés, les délibérations des conseils municipaux, les phrases encore vibrantes prononcées ou écrites sous le coup de l'impression du moment, rien n'est plus facile que de démontrer victorieusement l'enthousiaste et ferme résolution avec laquelle nos pères adoptèrent les immortels principes de la Révolution. C'est ce que nous espérons avoir fait à l'aide des documents exposés dans les lignes qui précèdent.

A cette époque, où les battements de cœur du pouvoir central ne se répercutaient pas en province aussi rapidement qu'aujourd'hui, alors que la lenteur des communications avec Paris, la différence de mœurs, et presque de langage étaient bien plus sensibles que de nos jours, il est curieux de constater l'entente complète de la Dordogne et de la capitale, des municipalités avec les représentants du pouvoir central. Si les hommes qui ont fondé notre première République ont eu la gloire insigne d'être les initiateurs de la nation à des théories politiques si majestueusement énumérées dans la Déclaration des Droits de l'Homme, il est juste de reconnaître la facilité d'assimilation, la promptitude avec laquelle la société française, dans les provinces les plus éloignées de Paris, sût s'approprier ces doctrines et les mettre en pratique.

Cette adoption si prompte, chez des hommes qui n'étaient préparés à la nouvelle organisation politique ni par l'instruction cléricale et monarchique donnée à leur enfance, ni par la prépondérance en province de l'influence de caste et de la hiérarchie sociale, quelles peuvent donc en être les causes ?

Si les droits et les devoirs du citoyen, si la participation de tous aux fonctions publiques furent si promptement compris et mis en œuvre, c'est qu'ils répondaient à des principes éternellement vrais, qui peuvent bien être ignorés ou oubliés un certain temps, mais qui restent, au fond des consciences, à l'état latent, que la voix éloquente et libre de la vérité réveille toujours. L'éternelle gloire des hommes qui concoururent à l'émancipation politique de la France fut de chercher la vérité et la justice pour les mettre à la base de la loi.

L'administration du conventionnel Lakanal dans la Dordogne fut active et féconde au point de vue des besoins administratifs et militaires. Aucun acte sanguinaire ne souilla les pages de l'histoire locale par les ordres du représentant dont les pouvoirs étaient si étendus. Et, lors même qu'il avait à se plaindre et aurait pu se venger, il se montra clément et généreux. Dénoncé à la Société populaire et au Comité de salut public par le citoyen L... père, de Villamblard, Lakanal lui répondit par une lettre plusieurs fois citée, mais que nous croyons devoir reproduire dans sa forme digne et élevée.

L'original de cette admirable lettre existait à la bibliothèque de Périgueux ; son fac-similé devait figurer en tête de cet ouvrage, mais cette pièce précieuse a disparu. Est-ce par les mains d'un admirateur peu consciencieux de Lakanal ? Est-ce par celles d'un de ses adversaires politiques ? Il a été impossible de le savoir.

Bergerac, 2 ventôse an II.

« *Lakanal, représentant du peuple, délégué par la*
« *Convention nationale et son Comité de salut pu-*
« *blic dans le département de la Dordogne et autres*
« *départements environnants.*

« J'avais reçu la mission expresse de te faire arrêter
« parce que tu avais signé une dénonciation calomnieuse

« contre moi. Mais, lorsque Lakanal est juge dans sa
« cause, ses ennemis sont assurés de leur triomphe : il
« ne sait venger que les injures de la Patrie. Je t'obilge-
« rai lorsque je le pourrai. C'est ainsi que les représen-
« tants du peuple repoussent les outrages. Tu as cinq
« enfants devant l'ennemi, c'est une belle offrande faite
« à la Liberté. Je te décharge de la taxe révolution-
« naire.

« Lakanal. »

A la suite de cette dénonciation ou d'une autre de même nature, Lakanal fut mandé à Paris. C'est de cette ville qu'il écrivit la lettre suivante :

« ÉGALITÉ. — LIBERTÉ. — FRATERNITÉ.

« PAIX AUX SANS-CULOTTES, GUERRE AUX MESSIEURS !

« *Lakanal, représentant du peuple, à ses frères de la*
« *Société populaire de Bergerac.*

« Mes bons amis,

« Les Comités de salut public et de sûreté générale ne
« veulent recevoir aucune espèce de justification de ma
« part que lorsque mes ennemis auront démontré qu'ils
« ont fait plus de bien que moi au peuple, et plus de mal
« aux messieurs, aux royalistes, etc., etc. J'ai eu beau-
« coup de peine à obtenir indulgence pour mes accusa-
« teurs.

« Voici la réponse que nous allons leur faire, m'ont

« dit, en m'embrassant, les membres du Comité de salut
« public : nous soupçonnons que La Rochelle et Rochefort
« ont des intelligences avec les ennemis de la République ;
« nous avons besoin d'y envoyer un montagnard pur et
« patriote. Tu es délégué pour remplir cette mission
« délicate.

« L'arrêté qui me délègue est signé de l'unanimité des
« membres des deux Comités réunis de sûreté générale et
« de salut public.

« Je serais parti, mais les douze commissaires chargés
« de l'épuration de la Société des Jacobins viennent de
« me nommer pour un des épurateurs qui doivent réor-
« ganiser cette Société célèbre. Je suis donc encore quel-
« ques jours à Paris.

« J'ai reçu l'ordre exprès du Comité de salut public
« de revenir dans le département de la Dordogne et au-
« tres environnants.

« Toutes les Sociétés populaires, toutes les administra-
« tions principales m'ont demandé. Je ne vous dirai pas
« l'accueil favorable que je reçois ici de tous les amis
« sincères du peuple. Mes antagonistes m'ont préparé des
« jouissances bien voluptueuses, en me forçant à me ren-
« dre à Paris. Ils croyaient me perdre, les pauvres gens !
« Ils ne ressemblent pas mal à ces taupes qui, remuant
« un coin de jardin, croient bouleverser le monde.

« Je vous embrasse chaudement.

« LAKANAL. »

Un habitant de Bergerac, le citoyen R..., avait, dans

un repas, fait un éloge pompeux du représentant Ysabeau, et une comparaison entre lui et Lakanal, injurieuse pour ce dernier. Il lui répondit par cette vigoureuse sortie :

« *Au citoyen R...*

« Que M. R... fasse, dans les repas où il est invité,
« l'éloge de mon collègue et mon ami, Ysabeau, c'est
« bien, quoique les représentants du peuple aussi dignes
« que lui n'aient guère besoin des éloges de M. R...
« Mais que ce monsieur-là se permette des propos sur
« moi, c'est assez mal. Vouloir me ravir l'estime de mes
« concitoyens, c'est être un Coblenzien, car je fais tout
« avec le levier de l'opinion, rien avec le tranchant de la
« guillotine. Au reste, j'avertis M. R... que je n'ai pas
« le temps d'écarter les insectes qui me troublent dans le
« cours de mes travaux ; je n'ai que le temps de les
« écraser. »

« *Signé* LAKANAL. »

Peut-être faut-il compter pour une large part sur l'effet d'une semblable clémence et d'aussi nobles pensées pour s'expliquer la promptitude d'obéissance, l'assentiment général que rencontra Lakanal. Une telle mansuétude, une magnanimité aussi grande devaient rallier les populations, bien mieux que les mesures de rigueur, à la cause de la démocratie.

Lakanal en était entièrement convaincu. L'auteur anonyme d'un article publié à l'occasion de la mort de Lakanal, en 1845, dans le *Journal de Bergerac*, a eu entre les mains les originaux des dernières lettres que nous avons citées. Cet écrivain rapporte l'anecdote suivante :

« En 1814, dit-il, M. Maine de Biran, notre compa-
« triote, député de la Dordogne au Corps législatif, ren-
« dit visite à Lakanal, accompagné d'un de ses amis, qui
« remplit encore aujourd'hui des fonctions judiciaires
« dans notre ville. Les premiers mots de Lakanal aux
« honorables visiteurs furent ceux-ci : « On doit beau-
« coup parler de moi dans Bergerac, mais j'ai la satis-
« faction qu'on ne me reproche pas une seule goutte de
« sang versé. »

Heureux, en effet, celui qui, dans ces temps difficiles, pouvait, sans être contredit, se rendre un pareil témoignage !

Nous avons entendu quelques personnes exprimer des critiques sur les formes de langage, sur certaines tournures oratoires des circulaires, des exposés de motifs qui précèdent les arrêtés de Lakanal. On reproche à ce style quelque chose de tendu, d'affecté. Nous ne faisons pas ici une dissertation littéraire, et, si le style des conventionnels était seul en cause, nous laisserions à d'autres le soin de rappeler combien les appréciations littéraires varient avec les époques. Nous prierions ceux qui ont lu pendant plusieurs jours de la prose moderne, les auditeurs assidus de nos drames contemporains, de nous dire si, aux premières scènes d'une tragédie de Corneille ou de Racine, ils ne se sentent pas un moment dépaysés, gênés, pour apprécier les sérieuses et réelles beautés qu'ils goûteront plus tard, sans arrière-pensée, et de toutes les forces de leur admiration.

Mais il y a plus que cela : le style, c'est tout l'homme; et, si l'affectation, le boursoufflé existaient réellement dans les écrits des conventionnels, ces défauts d'expression laisseraient supposer un défaut correspondant de leur caractère, qui aurait eu je ne sais quoi de guindé, de prétentieux, et c'est surtout à ce point de vue que nous tenons à justifier l'homme dont nous avons retracé quelques actions

Ne jugeons pas cette éloquence bien naturelle et bien réelle, au point de vue de notre temps plus vieilli, de nos désillusions amères, de notre cœur plus froid. Ne comparons pas la langue de la jeunesse démocratique d'un peuple à celle de sa majorité désabusée, et ne mesurons pas les ardents apôtres du premier réveil de la liberté à la froide raison des hommes de nos jours. Il est si vrai, si réel, le profond sentiment qui se traduit dans cette langue ardente et imagée, que, même à notre époque devenue sceptique et froide, après les hypocrisies de la Restauration, la mesquinerie étroite de la monarchie de Juillet 1830, les hontes de l'Empire, nous avons vu ces élans de l'âme se traduire dans une forme semblable. Qu'écrivait donc Lakanal ? Des circulaires, des appels, des proclamations, toutes choses dictées par l'inspiration du moment, adressées à des hommes déjà émus et tout palpitants au souffle des événements qui se pressaient graves et rapides. Souvenons-nous des proclamations de 1848, de celles plus récentes qui nous annonçaient la reddition de Metz, le désastre de Sedan, la capitulation de Paris. Elles étaient brûlantes, celles-là aussi, elles s'adressaient au cœur des citoyens. Vous qui les reliriez peut-être froidement aujourd'hui, dans notre pays où l'on oublie si vite, vous pleuriez alors, en y jetant les yeux, des larmes de rage ou de douleur ; vous n'étiez plus l'homme de tous les jours et de la vie étroite; vous ne pensiez guère à faire une critique littéraire, qui aurait singulièrement détonné avec l'impression générale et profonde que ressentaient vos concitoyens.

Eh bien ! essayez de revivre à l'époque de foi politique ardente, de renoncement absolu à tout égoïsme, qui suivit 1789. Rappelez-vous que ce n'était pas seulement le tiers-état qui saluait en termes chaleureux son avénement à la vie civile, mais que, dans nos provinces comme à Paris, les nobles, enthousiasmés, signaient d'une main libre et joyeuse la renonciation à tous leurs priviléges.

Les appels fréquents à la nature, à la vertu, reviennent souvent dans les écrits que nous avons cités ; ne nous en étonnons pas trop. Cette phraséologie, nouvelle à ce moment, signale une profonde modification dans les mœurs, l'influence de J.-J. Rousseau, une réaction indispensable. Le peuple français venait de passer par un temps où l'artificiel dominait partout : la chevelure était remplacée par une perruque poudrée, le soleil par les bougies des soupers fins, le paysage par les allées droites et les ifs taillés en boules, le jardin par des cœurs ou des palmes dessinées en buis; la taille des femmes se déguisait sous les paniers, les ruisseaux et les cascades avaient fait place aux eaux asservies, aménagées par l'ingénieur, qui alimentaient le bassin de Neptune ou les cascades de Saint-Cloud. Jugez s'il y avait lieu de revenir à la vérité dans le costume, aux habits faits pour revêtir et non pour déguiser, aux cheveux vrais dont la nature a garni nos têtes, au soleil levant, aux bois pleins des mystères de l'ombre et des fêtes du soleil dans le feuillage, au ruisseau qui chante et court sur les cailloux. Ce qui nous semble quelquefois une répétition trop fréquente chez les écrivains de cette époque, c'est une révélation, une joyeuse expansion des âmes prenant possession du *vrai dans la nature*, l'ivresse du plein air remplissant les poumons, la conquête d'un nouveau monde de sensations.

Et combien plus cette renaissance était nécessaire dans les rapports de famille ! L'époque qui venait de finir avait vu le courtisan, cet hermaphrodite obséquieux et paré, les Dangeau méticuleux inscrivant puérilement les moindres actions du maître ; la paternité n'existait plus que dans la bourgeoisie et chez l'ouvrier, les bâtards royaux et princiers étaient au faîte de la société : le mari, dans son infamie appointée, dorée et titrée, était fier de livrer sa femme au roi. Ah ! qu'ils devaient avoir soif, nos pères, des modestes vertus bourgeoises ! Quel amour ardent d'indépendance et d'égalité devait embraser leurs âmes ! Comme on comprend les préludes de 1789, l'enthousiasme causé par l'habit de drap brun de Franklin, les mots hardis de Figaro, bien qu'ils sentent encore la livrée, les bergerades de Trianon !

Préparée par l'excès même des maux que la monarchie avait fait subir à la France, l'immense explosion de justice, de liberté, d'égalité de 1789, se traduit par les cris de l'âme française si longtemps comprimée et qui éclate enfin en paroles enthousiastes.

Nous ne parlons plus la même langue politique que Lakanal. Essayer de la reproduire dans les harangues de la tribune, dans la correspondance administrative ou diplomatique, serait le plus ridicule de tous les pastiches. Mais, si nous avons formulé les dogmes qui président aux gouvernements des peuples maîtres d'eux-mêmes; si la politique n'est plus à l'état d'aspiration, et si elle est regardée comme une science ; si un écrivain espagnol a pu dire : « La politique est l'œuvre de la raison humaine, « s'inspirant de l'observation des faits ; » si elle est devenue l'union la plus étroite de l'éternel et inaccessible idéal avec les exigences pratiques de la vie réelle, à qui le devons-nous ? N'est-ce pas à nos prédécesseurs, les hommes de 1789, concevant du premier jet, par une puissante intuition, tout l'ensemble des lois de la société démocratique moderne ? Reprocherons-nous à ces conquérants de tant de provinces nouvelles dans le domaine de l'esprit humain de n'en avoir pas assuré pour toujours la possession ? Critiquerons-nous la forme poétique de leur langage qui, du reste, savait se plier, quand il le fallait, à la forme rigoureuse de la science et de l'administration ?

Nous serions bien ingrats ; ils ont découvert les grandes

lois, et c'est grâce à eux que nous avons pu, de notre temps, les formuler. Ils ont frayé des routes que nous n'avons même pas toujours su conserver et entretenir. Quand atteindrons-nous ce but, — accessible pourtant, — l'instruction gratuite et obligatoire? Quand arriverons-nous à cette séparation de l'Église et de l'État, que nos devanciers de la première République avaient posée en principe, et qui est la seule garantie d'une conscience libre pour l'homme de toute opinion religieuse et de tout culte? Qu'attendons-nous pour appliquer l'élection dans le domaine administratif partout où elle peut prendre place?

Ne soyons pas trop fiers de la précision de nos maximes politiques et de la rigueur de notre orthodoxie en matière de gouvernement; notre pratique est bien loin encore de la théorie : tâchons d'appliquer un peu mieux nos principes dans la vie civique. Nous avons laissé bien des sillons stériles, bien des coins improductifs dans le champ si vaste que nos pères avaient défriché en prodiguant le travail de la pensée, la sueur et le sang.

A chacun son œuvre : ils ont découvert et conquis le sol démocratique, à nous de le cultiver et de le féconder, afin que, sur toute son étendue, il porte la miraculeuse moisson de la liberté!

FIN.

TABLE DES MATIÈRES.

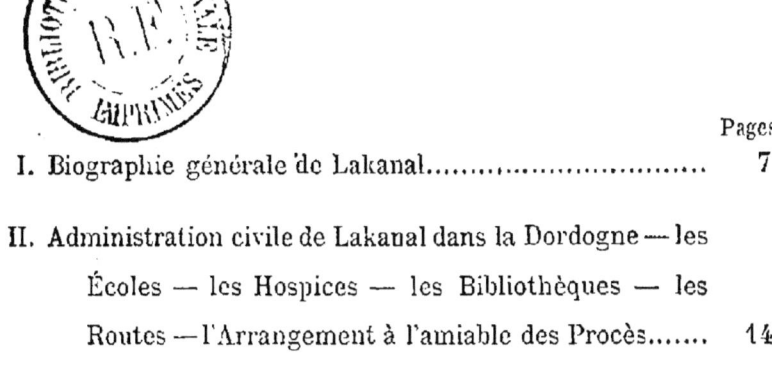

	Pages.
I. Biographie générale de Lakanal..	7
II. Administration civile de Lakanal dans la Dordogne — les Écoles — les Hospices — les Bibliothèques — les Routes — l'Arrangement à l'amiable des Procès.......	14
III. Administration militaire............,..	45
IV. Réflexions générales...	53

Périgueux. — Imprimerie Charles RASTOUIL, rue Taillefer, 31.

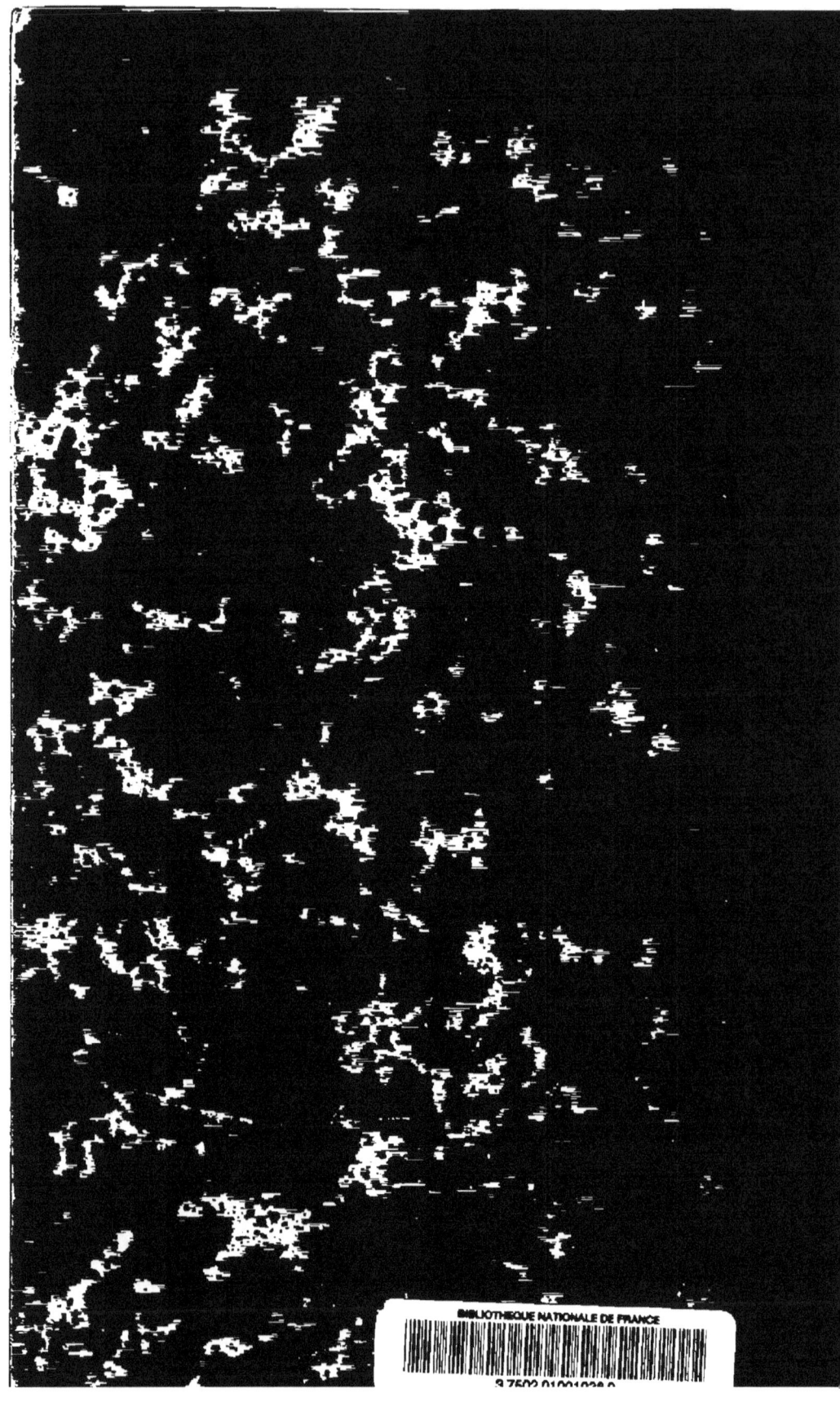

www.ingramcontent.com/pod-product-compliance
Lightning Source LLC
LaVergne TN
LVHW021005090426
835512LV00009B/2091